COMMUNICATING
GOD
With

PRAYER JOURNAL DEVOTIONAL EDITION

ACTIVINOTES

Activinotes

DAILY JOURNALS, PLANNERS, NOTEBOOKS AND OTHER BLANK BOOKS

Date:

Scripture for the day:

....
....
....

My meditative thoughts:

....
....
....
....
....
....
....
....
....
....
....
....
....
....
....
....
....
....
....
....
....

Confession

....
....
....

Prayers for myself

....
....
....
....
....
....
....
....
....

Prayers for others

....
....
....
....
....
....
....
....
....

Date:

Scripture for the day:

....
....
....

My meditative thoughts:

....
....
....
....
....
....
....
....
....
....
....
....
....
....
....
....
....
....
....
....
....

Confession

....
....
....

Prayers for myself

....
....
....
....
....
....
....
....
....

Prayers for others

....
....
....
....
....
....
....
....

Date:

Scripture for the day:

....
....
....

My meditative thoughts:

....
....
....
....
....
....
....
....
....
....
....
....
....
....
....
....
....
....
....
....

Confession

....
....
....

Prayers for myself

....
....
....
....
....
....
....
....
....

Prayers for others

....
....
....
....
....
....
....
....

Date:

Scripture for the day:

....
....
....

My meditative thoughts:

....
....
....
....
....
....
....
....
....
....
....
....
....
....
....
....
....
....
....
....
....

Confession

....

....

....

Prayers for myself

....

....

....

....

....

....

....

....

....

Prayers for others

....

....

....

....

....

....

....

....

Date:

Scripture for the day:

....
....
....

My meditative thoughts:

....
....
....
....
....
....
....
....
....
....
....
....
....
....
....
....
....
....
....
....
....

Confession

....

....

....

Prayers for myself

....

....

....

....

....

....

....

....

....

Prayers for others

....

....

....

....

....

....

....

....

Date:

Scripture for the day:

....
....
....

My meditative thoughts:

....
....
....
....
....
....
....
....
....
....
....
....
....
....
....
....
....
....
....
....
....

Confession

....

....

....

Prayers for myself

....

....

....

....

....

....

....

....

....

....

Prayers for others

....

....

....

....

....

....

....

....

Date:

Scripture for the day:

....

....

....

My meditative thoughts:

....

....

....

....

....

....

....

....

....

....

....

....

....

....

....

....

....

....

....

Confession

....
....
....

Prayers for myself

....
....
....
....
....
....
....
....
....

Prayers for others

....
....
....
....
....
....
....
....
....

Date:

Scripture for the day:

....

....

....

My meditative thoughts:

....

....

....

....

....

....

....

....

....

....

....

....

....

....

....

....

....

....

....

Confession

....
....
....

Prayers for myself

....
....
....
....
....
....
....
....
....

Prayers for others

....
....
....
....
....
....
....
....
....

Date:

Scripture for the day:

....
....
....

My meditative thoughts:

....
....
....
....
....
....
....
....
....
....
....
....
....
....
....
....
....
....
....
....

Confession

....

....

....

Prayers for myself

....

....

....

....

....

....

....

....

....

Prayers for others

....

....

....

....

....

....

....

....

Date:

Scripture for the day:

....

....

....

My meditative thoughts:

....

....

....

....

....

....

....

....

....

....

....

....

....

....

....

....

....

....

....

Confession

....
....
....

Prayers for myself

....
....
....
....
....
....
....
....
....
....

Prayers for others

....
....
....
....
....
....
....
....
....

Date:

Scripture for the day:

....
....
....

My meditative thoughts:

....
....
....
....
....
....
....
....
....
....
....
....
....
....
....
....
....
....
....
....

Confession

....
....
....

Prayers for myself

....
....
....
....
....
....
....
....
....

Prayers for others

....
....
....
....
....
....
....
....

Date:

Scripture for the day:

....
....
....

My meditative thoughts:

....
....
....
....
....
....
....
....
....
....
....
....
....
....
....
....
....
....
....

Confession

....
....
....

Prayers for myself

....
....
....
....
....
....
....
....
....
....

Prayers for others

....
....
....
....
....
....
....
....
....

Date:

Scripture for the day:

....
....
....

My meditative thoughts:

....
....
....
....
....
....
....
....
....
....
....
....
....
....
....
....
....
....
....
....

Confession

....
....
....

Prayers for myself

....
....
....
....
....
....
....
....
....
....

Prayers for others

....
....
....
....
....
....
....
....
....

Date:

Scripture for the day:

....
....
....

My meditative thoughts:

....
....
....
....
....
....
....
....
....
....
....
....
....
....
....
....
....
....
....

Confession

....

....

....

Prayers for myself

....

....

....

....

....

....

....

....

....

Prayers for others

....

....

....

....

....

....

....

....

Date:

Scripture for the day:

....
....
....

My meditative thoughts:

....
....
....
....
....
....
....
....
....
....
....
....
....
....
....
....
....
....
....
....
....
....
....

Confession

....

....

....

Prayers for myself

....

....

....

....

....

....

....

....

....

....

Prayers for others

....

....

....

....

....

....

....

....

Date:

Scripture for the day:

....
....
....

My meditative thoughts:

....
....
....
....
....
....
....
....
....
....
....
....
....
....
....
....
....
....
....
....

Confession

....
....
....

Prayers for myself

....
....
....
....
....
....
....
....
....
....

Prayers for others

....
....
....
....
....
....
....
....
....

Date:

Scripture for the day:

....
....
....

My meditative thoughts:

....
....
....
....
....
....
....
....
....
....
....
....
....
....
....
....
....
....
....
....

Confession

....

....

....

Prayers for myself

....

....

....

....

....

....

....

....

....

....

Prayers for others

....

....

....

....

....

....

....

....

Date:

Scripture for the day:

....
....
....

My meditative thoughts:

....
....
....
....
....
....
....
....
....
....
....
....
....
....
....
....
....
....
....
....
....

Confession

....
....
....

Prayers for myself

....
....
....
....
....
....
....
....
....
....

Prayers for others

....
....
....
....
....
....
....
....

Date:

Scripture for the day:

....
....
....

My meditative thoughts:

....
....
....
....
....
....
....
....
....
....
....
....
....
....
....
....
....
....

Confession

....
....
....

Prayers for myself

....
....
....
....
....
....
....
....
....

Prayers for others

....
....
....
....
....
....
....
....
....

Date:

Scripture for the day:

....

....

....

My meditative thoughts:

....

....

....

....

....

....

....

....

....

....

....

....

....

....

....

....

....

....

Confession

....
....
....

Prayers for myself

....
....
....
....
....
....
....
....
....

Prayers for others

....
....
....
....
....
....
....
....

Date:

Scripture for the day:

....

....

....

My meditative thoughts:

....

....

....

....

....

....

....

....

....

....

....

....

....

....

....

....

....

....

....

....

Confession

....
....
....

Prayers for myself

....
....
....
....
....
....
....
....
....

Prayers for others

....
....
....
....
....
....
....
....

Date:

Scripture for the day:

....
....
....

My meditative thoughts:

....
....
....
....
....
....
....
....
....
....
....
....
....
....
....
....
....
....
....
....
....
....

Confession

....
....
....

Prayers for myself

....
....
....
....
....
....
....
....
....
....

Prayers for others

....
....
....
....
....
....
....
....
....

Date:

Scripture for the day:

....
....
....

My meditative thoughts:

....
....
....
....
....
....
....
....
....
....
....
....
....
....
....
....
....
....
....
....
....
....

Confession

....
....
....

Prayers for myself

....
....
....
....
....
....
....
....
....

Prayers for others

....
....
....
....
....
....
....
....
....

Date:

Scripture for the day:

....
....
....

My meditative thoughts:

....
....
....
....
....
....
....
....
....
....
....
....
....
....
....
....
....
....
....

Confession

....
....
....

Prayers for myself

....
....
....
....
....
....
....
....
....
....

Prayers for others

....
....
....
....
....
....
....
....
....

Date:

Scripture for the day:

....

....

....

My meditative thoughts:

....

....

....

....

....

....

....

....

....

....

....

....

....

....

....

....

....

....

....

Confession

....
....
....

Prayers for myself

....
....
....
....
....
....
....
....
....

Prayers for others

....
....
....
....
....
....
....
....

Date:

Scripture for the day:

....
....
....

My meditative thoughts:

....
....
....
....
....
....
....
....
....
....
....
....
....
....
....
....
....
....
....
....

Confession

....
....
....

Prayers for myself

....
....
....
....
....
....
....
....
....

Prayers for others

....
....
....
....
....
....
....
....

Date:

Scripture for the day:

....
....
....

My meditative thoughts:

....
....
....
....
....
....
....
....
....
....
....
....
....
....
....
....
....
....
....

Confession

....
....
....

Prayers for myself

....
....
....
....
....
....
....
....
....

Prayers for others

....
....
....
....
....
....
....
....

Date:

Scripture for the day:

....
....
....

My meditative thoughts:

....
....
....
....
....
....
....
....
....
....
....
....
....
....
....
....
....
....
....
....
....
....

Confession

....

....

....

Prayers for myself

....

....

....

....

....

....

....

....

....

Prayers for others

....

....

....

....

....

....

....

....

....

Date:

Scripture for the day:

....

....

....

My meditative thoughts:

....

....

....

....

....

....

....

....

....

....

....

....

....

....

....

....

....

....

....

....

Confession

....
....
....

Prayers for myself

....
....
....
....
....
....
....
....
....
....

Prayers for others

....
....
....
....
....
....
....
....
....

Date:

Scripture for the day:

....
....
....

My meditative thoughts:

....
....
....
....
....
....
....
....
....
....
....
....
....
....
....
....
....
....
....
....
....

Confession

....
....
....

Prayers for myself

....
....
....
....
....
....
....
....
....
....

Prayers for others

....
....
....
....
....
....
....
....
....

Date:

Scripture for the day:

....
....
....

My meditative thoughts:

....
....
....
....
....
....
....
....
....
....
....
....
....
....
....
....
....
....
....
....
....

Confession

....
....
....

Prayers for myself

....
....
....
....
....
....
....
....
....

Prayers for others

....
....
....
....
....
....
....
....
....

Date:

Scripture for the day:

....

....

....

My meditative thoughts:

....

....

....

....

....

....

....

....

....

....

....

....

....

....

....

....

....

....

....

Confession

....
....
....

Prayers for myself

....
....
....
....
....
....
....
....
....

Prayers for others

....
....
....
....
....
....
....
....

Date:

Scripture for the day:

....
....
....

My meditative thoughts:

....
....
....
....
....
....
....
....
....
....
....
....
....
....
....
....
....
....
....
....

Confession

....
....
....

Prayers for myself

....
....
....
....
....
....
....
....
....
....

Prayers for others

....
....
....
....
....
....
....
....
....

Date:

Scripture for the day:

....
....
....

My meditative thoughts:

....
....
....
....
....
....
....
....
....
....
....
....
....
....
....
....
....
....
....

Confession

....
....
....

Prayers for myself

....
....
....
....
....
....
....
....
....

Prayers for others

....
....
....
....
....
....
....
....
....

Date:

Scripture for the day:

....
....
....

My meditative thoughts:

....
....
....
....
....
....
....
....
....
....
....
....
....
....
....
....
....
....
....

Confession

....
....
....

Prayers for myself

....
....
....
....
....
....
....
....
....

Prayers for others

....
....
....
....
....
....
....
....

Date:

Scripture for the day:

....
....
....

My meditative thoughts:

....
....
....
....
....
....
....
....
....
....
....
....
....
....
....
....
....
....
....
....
....

Confession

....
....
....

Prayers for myself

....
....
....
....
....
....
....
....
....
....

Prayers for others

....
....
....
....
....
....
....
....
....

Date:

Scripture for the day:

....
....
....

My meditative thoughts:

....
....
....
....
....
....
....
....
....
....
....
....
....
....
....
....
....
....
....
....

Confession

....
....
....

Prayers for myself

....
....
....
....
....
....
....
....
....
....

Prayers for others

....
....
....
....
....
....
....
....

Date:

Scripture for the day:

....
....
....

My meditative thoughts:

....
....
....
....
....
....
....
....
....
....
....
....
....
....
....
....
....
....
....

Confession

....

....

....

Prayers for myself

....

....

....

....

....

....

....

....

....

....

Prayers for others

....

....

....

....

....

....

....

....

Date:

Scripture for the day:

....

....

....

My meditative thoughts:

....

....

....

....

....

....

....

....

....

....

....

....

....

....

....

....

....

....

Confession

....
....
....

Prayers for myself

....
....
....
....
....
....
....
....
....
....

Prayers for others

....
....
....
....
....
....
....
....
....

Date:

Scripture for the day:

....
....
....

My meditative thoughts:

....
....
....
....
....
....
....
....
....
....
....
....
....
....
....
....
....
....
....
....

Confession

....

....

....

Prayers for myself

....

....

....

....

....

....

....

....

....

....

Prayers for others

....

....

....

....

....

....

....

....

Date:

Scripture for the day:

....
....
....

My meditative thoughts:

....
....
....
....
....
....
....
....
....
....
....
....
....
....
....
....
....
....
....

Date:

Scripture for the day:

....
....
....

My meditative thoughts:

....
....
....
....
....
....
....
....
....
....
....
....
....
....
....
....
....
....
....

Confession

....
....
....

Prayers for myself

....
....
....
....
....
....
....
....

Prayers for others

....
....
....
....
....
....
....
....

Date:

Scripture for the day:

....

....

....

My meditative thoughts:

....

....

....

....

....

....

....

....

....

....

....

....

....

....

....

....

....

....

....

....

Confession

....
....
....

Prayers for myself

....
....
....
....
....
....
....
....

Prayers for others

....
....
....
....
....
....
....

Date:

Scripture for the day:

....
....
....

My meditative thoughts:

....
....
....
....
....
....
....
....
....
....
....
....
....
....
....
....
....
....
....
....
....
....
....

Confession

....
....
....

Prayers for myself

....
....
....
....
....
....
....
....

Prayers for others

....
....
....
....
....
....
....
....
....

Date:

Scripture for the day:

....

....

....

My meditative thoughts:

....

....

....

....

....

....

....

....

....

....

....

....

....

....

....

....

....

....

....

....

....

Confession

....
....
....

Prayers for myself

....
....
....
....
....
....
....
....

Prayers for others

....
....
....
....
....
....
....
....

Date:

Scripture for the day:

....
....
....

My meditative thoughts:

....
....
....
....
....
....
....
....
....
....
....
....
....
....
....
....
....
....
....
....
....

Confession

....
....
....

Prayers for myself

....
....
....
....
....
....
....
....

Prayers for others

....
....
....
....
....
....
....
....
....

Date:

Scripture for the day:

....

....

....

My meditative thoughts:

....

....

....

....

....

....

....

....

....

....

....

....

....

....

....

....

....

....

....

....

....

Confession

....

....

....

Prayers for myself

....

....

....

....

....

....

....

....

Prayers for others

....

....

....

....

....

....

....

....

Date:

Scripture for the day:

....
....
....

My meditative thoughts:

....
....
....
....
....
....
....
....
....
....
....
....
....
....
....
....
....
....
....
....
....
....

Confession

....
....
....

Prayers for myself

....
....
....
....
....
....
....
....
....

Prayers for others

....
....
....
....
....
....
....
....
....

Date:

Scripture for the day:

....
....
....

My meditative thoughts:

....
....
....
....
....
....
....
....
....
....
....
....
....
....
....
....
....
....
....
....

Confession

....
....
....

Prayers for myself

....
....
....
....
....
....
....
....
....

Prayers for others

....
....
....
....
....
....
....
....

Date:

Scripture for the day:

....
....
....

My meditative thoughts:

....
....
....
....
....
....
....
....
....
....
....
....
....
....
....
....
....
....
....
....
....